哈约哈海！淄博

—— 手绘淄博行旅图 ——

车蔚蔚 著

中国建设科技出版社有限责任公司
China Construction Science and Technology Press Co., Ltd.
北　京

写在前面的话

亲爱的朋友们，当您翻开这本画册，我想带您走进的不仅是淄博的街巷，还有一个土生土长的淄博人对家乡炽热的心跳。

生于斯，长于斯，我总想为脚下这片土地做些什么。去年初春，当我在八大局巷口画下第一笔时，未曾料到这本手绘册会成为我写给家乡最温柔的情书。淄博的陶土里沉淀着三千年的齐风韶韵，琉璃中流转着匠人的血脉温度，而我，不过是想用画笔接续这份传承，让更多人看见这座城的骨骼与灵魂。

在博山琉璃坊，看七旬老师傅吹出滚烫的梦想吹成透亮的鸢尾花；在周村古商城，听雨滴从古建屋檐坠落成时光的琴键；在马踏湖的芦苇荡，用颜料捕捉暮色与白鹭齐飞的瞬间……每一处生机的诞生，都源于我对这座城的眷恋。我想，让烧烤摊上的烟火在色彩里噼啪作响；让街角烧饼铺的芝麻香穿透纸背，用最温情的方式为家乡留下有温度的注脚。

感谢淄博市青少年宫，感谢这一年来朋友和家人们的关怀与支持。这些支持如同暗夜里的星光，照亮了一个普通人用画笔守护家乡文化的初心。

这本画册不是完美的城市指南，而是一个淄博孩子献给家乡的亦诚日记。若您在其中看见琉璃灯火映亮的街巷，听见老巷深处悠远的叫卖声，触摸到烧烤签子上跳跃的人间烟火，那便是我最珍贵的收获。愿这些图画能化作小小的火种，让齐文化的星河在更多人眼中璀璨；愿每个翻阅它的人，都能遇见我深爱的淄博——这里有比陶土更厚重的历史，比琉璃更澄澈的人情，比鲁山云海更绵长的烟火温柔。

二〇二五年三月三十一日

牟蔚蔚

说说书名中的"哟嗨"。
"哟嗨"在淄博方言中是常见的感叹词，通常用于表达某种情绪或加强语气。
常常用于表达惊讶、感叹，类似于普通话的"哎呀""哟"。

哟嗨！
yō hāi

淄博方言里还有许多惊喜等你来发现！
请主人翻页 →

猜一猜
切下
黑漆码乎
瓦古
夜来晗
一把连
蝎虎留子
扎煞
翻肘扬
见天
欢气 杵了翻天
股得(dei)着 潭肥
一雯雯 哟嗨!
古扎
将军宝
卜齐眼儿
流㧟㧟 迀阔
夜来后上
饥困
临世家
兀扎子
嵞价
草机
干阔

- 切下（躺下）
- 黑漆码乎（形容很黑很黑）
- 瓦古（委屈）
- 夜来啥（昨天）
- 一把连（好朋友）
- 蝎虎溜子（壁虎）
- 扎煞（得瑟）
- 翻时扬（批评）
- 见天（每天）
- 欢气（开心）
- 桦了翻天（形容太乱不整活）
- 股得(dei)着（蹲着）
- 潭肥（笨笨的）
- 一雯雯（一会儿）
- 哟嗨！（一种称呼）
- 古扎
- 将军宝（剪刀包袱锤）
- 卜齐眼儿（肚脐眼）
- 饥困（饿我）
- 流垯垯（流口水）
- 迂阔（舒服）
- 夜来后上（昨天晚上）
- 临世家（邻居）
- 兀扎子（马扎）
- 甭价（不用）
- 草机（耍猴）
- 干阔（渴）

误入聊斋	齐风韶韵	陶琉淬火	有『淄』有味	逛吃淄博指南	手绘课堂	五区三县
01	03	43	51	75	82	87

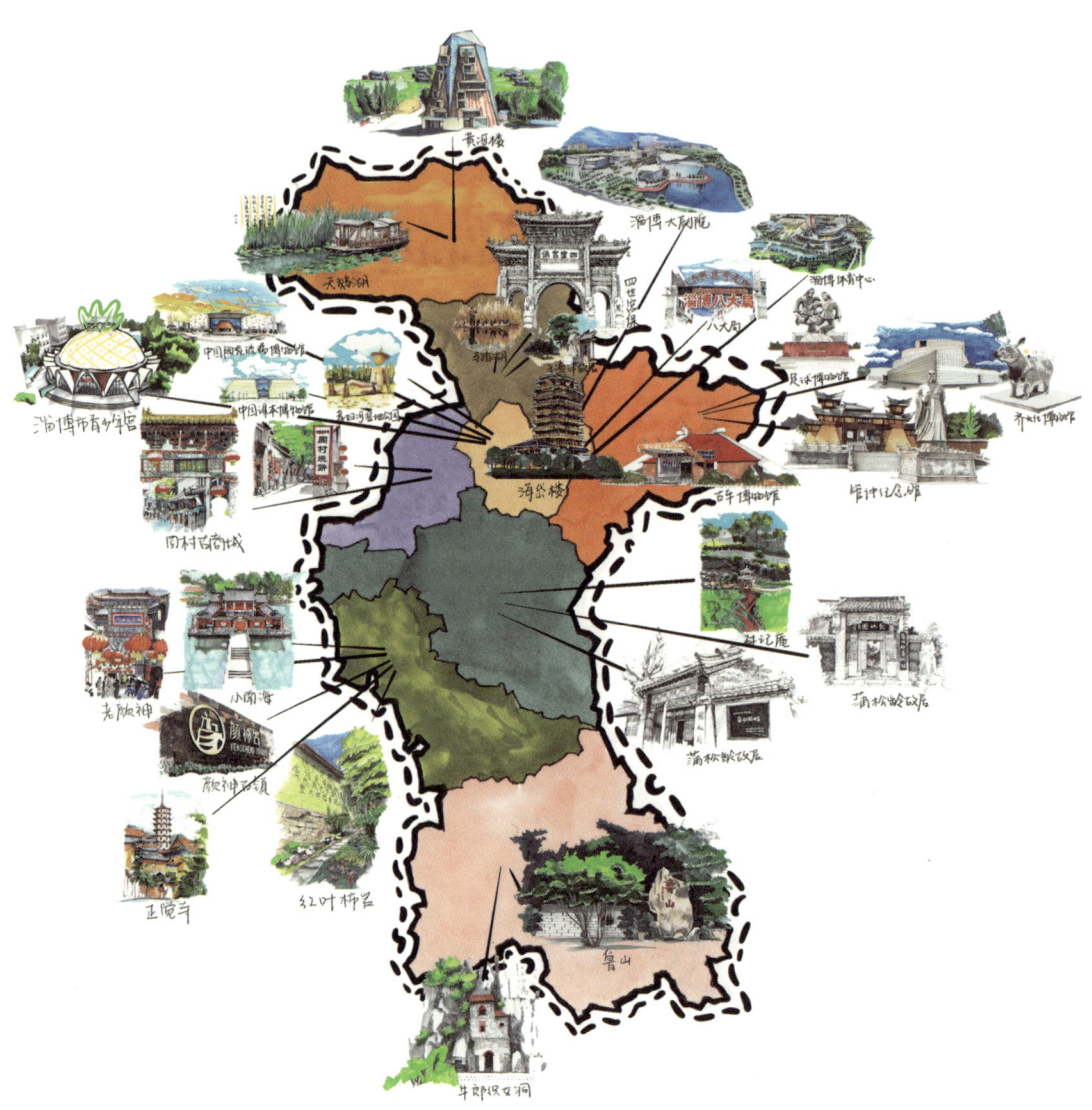

哟嗨！淄博

误入聊斋

YOHAI ZIBO

哟嗨！淄博

齐风韶韵

YOHAI ZIBO

 海海，我们来到了一处明清商业重镇，这里保存了完整的古建筑群，还有超级好吃的周村烧饼！

 又脆又香甜心

▶ 周村古商城

天下第一村 千年旱码头
历史文化的探索之旅！

淄博周村古商城，位于淄博市周村区，是一个充满历史和文化的地方。这个国家5A级景区以其保存完好的明清商业街区和丰富的历史文化遗迹而闻名。不仅是中国明清时期北方商业中心，还是众多经典影视剧的拍摄地，是周末周边游的理想去处。

这里有千佛寺庙群、三益堂印刷展馆、瑞蚨祥、历史文化展览馆等多个具有知识性和趣味性的景点。你可以在这里体验古代商城的繁华，感受历史的厚重。

#周村
#周村古商城
#旱码头
#历史文化

▶ 齐文化博物馆

穿越千年寻回齐国记忆
淄博不仅是烧烤之城,更是齐国古都、齐文化的发源地。
齐文化博物馆是一座位于淄博市临淄区的综合性博物馆,包括基本陈列展厅、特色陈列展厅、专题陈列展厅和临时展厅。馆内收藏有5万余件文物,展出的文物超过4100件,其中包括国家一级文物100余件。

齐

★ 镇馆之宝

战国时期的鎏金银错镶铜牺尊,这是一件非常罕见的文物,展现了古代手工制造技术的高超水平。

> 海海，你喜欢踢足球吗？淄博临淄可是世界足球的起源地，博物馆里展示了古代蹴鞠文化及文物，还可以体验传统蹴鞠。海海，接球。

> 胸口停球，倒挂金钩！

● 足球博物馆

探索足球的历史与魅力！

足球博物馆，位于淄博市临淄区，是一座展示足球文化的殿堂。馆内收藏了丰富的足球文物、纪念品和历史资料，带你领略足球的发展历程。

#足球文化 #足球的历史
#足球博物馆

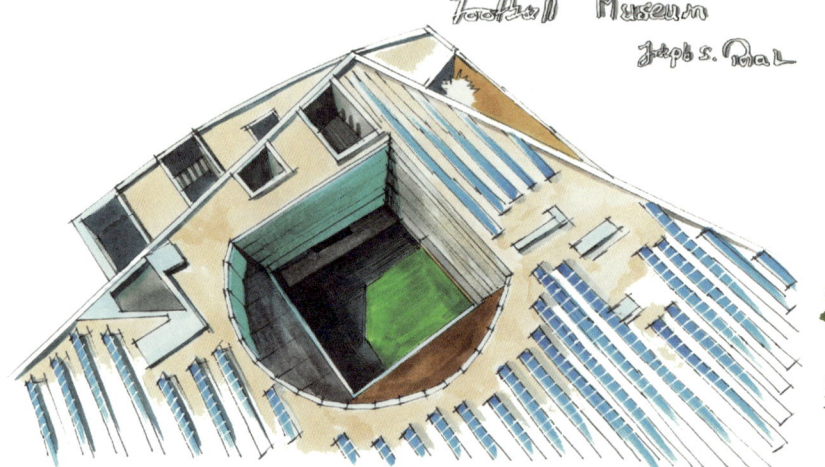

中国体育博物馆临淄分馆
足球博物馆
Football Museum

集 章

临淄中国古车博物馆

90年代的博物馆,
承载着淄博一代又一代人的历史记忆。
中国古车博物馆,正是淄博文化瑰宝中的一颗明珠。
这里展出的大量古代车辆,不仅是中国交通史的
见证,更是古代文明的缩影。
快来和我一起探索古代车马的奥秘吧!
感受穿越时空的文化之旅!
#中国古车博物馆 #历史 #人文

切~

傲骄的骆驼

管仲，春秋名相，辅佐齐桓公称霸，推行改革，富国强兵，尊为"圣人之师"。

淄博的历史名人可真多！

管仲纪念馆

在淄博的土地上，管仲纪念馆静静地矗立着，宛如一座承载着历史与智慧的神圣殿堂。通过馆内一幅幅画卷、一件件文物，我们仿佛能看到管仲在那个风云变幻的时代，如何辅佐君主，如何推行改革、富国强兵。他的思想和理念，如同一盏明灯，照亮了当时的社会，也为后世留下了宝贵的财富。

#管仲纪念馆 #历史名人

中国课本博物馆

2016年对外开放,是以课本为主题,集展品收藏、文化休闲、互动体验为一体的沉浸式博物馆。现为国家3A级景区、国家三级博物馆、山东省首批"中小学研学实践教育基地"、山东省科普示范基地。

集 章

淄博市青少年宫

淄博市青少年宫不仅在淄博市享有盛誉,还向各大高等学府输送了大量优秀人才。其教育模式和活动内容丰富多彩,深受广大青少年的喜爱,同时,还开设了多种青年夜校课程,极大丰富了淄博市青年人的"夜"余生活,让青年人夜晚不再无所事事。上夜校成为青年人追求的新潮流!

#青少年校外活动阵地
#青年夜校 #一起来学艺!
#青春新潮流

作者是青少年宫的一名老师♡

集 章

唐库文创园

时光与创造交织的奇妙之地
这里
老旧的厂房建筑静静矗立
带着往昔工业时代的痕迹
斑驳的墙壁诉说着岁月～
然而
当创造的火花在此点燃
一切都焕发出了全新的生机
在这里
你可以寻得一份静谧
捧一本书坐在角落静静阅读
也能尽情享受热闹
和朋友们畅谈创意与梦想

等待着你来探索
来发现……

#唐库文创园 #淄博
#文艺生活

一个充满艺术气息的地方!!
这里有许多艺术家工作室、创意店铺、咖啡店和餐厅,是艺术爱好者的天堂。在唐库的夏天,我们或许能暂时忘却那些烦恼,以一个旁观者的身份参与这场关于生活的游戏。在这里,你可以找到那些与你共鸣的灵魂,共同寻找属于你的地方。

来到唐库文创园吧!
开启你的寻宝之旅吧!

#唐库文创园 #艺术
#文艺圣地

齐文化地标建筑，现为钟书阁书店，古典与现代风格交融，兼具文化底蕴与网红打卡属性。快！海海，趁现在人少，给你拍照。

好嘞，茄子，耶～

▶ 海岱楼

千年古韵，盛世美景，尽在此楼！

海岱楼采用汉代建筑风格，让人仿佛置身于古代的盛世之中，感受到了那份庄重与辉煌。不得不说，海岱楼的景色简直美到令人窒息！站在楼上，整个淄博市区的美景尽收眼底，无论是蓝天、白云，还是绿意盎然，都仿佛触手可及。而且哦，海岱楼内还藏着许多文化宝藏呢！这里不仅有各类图书，还有各类文化展示，一起来感受一波文化熏陶吧。最重要的是，海岱楼还是一个超级适合拍照的地方！无论是古风还是现代风，都能在这里找到属于你的风格。

总而言之，海岱楼是个集美景、文化、拍照于一体的好地方！无论你是来感受历史的厚重，还是来寻找文化的瑰宝，亦或是来捕捉美丽的瞬间，这里都能满足你的需求。快来海岱楼打卡吧，相信你一定会爱上这里的！

#海岱楼 #淄博
#孝妇湖公园

▶ 海岱楼

　　淄博海岱楼，梦回千年，书香满溢！穿梭于现代与古韵之间，海岱楼矗立于齐盆湖畔，仿佛一幅动人的历史画卷徐徐展开。在这里，每一棵树木，每一片砖瓦都在诉说着淄博的故事，每一个故事都会给你带来惊喜！

　　这里有"中国最美书店"钟书阁，是国内第42家，也是单体面积最大的钟书阁。九层楼阁，层层有惊喜，从文创包到文创雪糕，从时光青年绘本馆的梦幻塔洞到城市书房的静谧时光，每一步都是文化的洗礼，每一刻都值得纪念。

　　傍晚时分，登上楼阁，俯瞰齐盆湖浪光粼粼，晚霞映照下的海岱楼更显壮丽。夜幕低垂，灯火阑珊，海岱楼又以换上另一副迷人的面孔，向八方游客展示着她的美……

　　作为一名土生土长的淄博人，我热爱我的家乡并为此感到骄傲，我愿意为家乡的文化传承贡献自己力的微薄之力，希望让更多的人了解、欣赏、热爱这片土地上的历史与文化，让更多的人爱上这座有温度的城！

#海岱楼 #淄博地标
#风景 #游览

▶ 淄博钟书阁

淄博海岱楼内的钟书阁被誉为"最美书店"。走进里面,每个房间,每个角落,都可以轻松拍摄出网红大片。

小Tips:

1. 淡季出行体验感会更好。二楼的儿童书店以及儿童休闲读书区域,在淄博烧烤最火的时候,还都限流进入。而现在的冬季,拍照、打卡、休闲可以随心所欲^^。地下一层的文创产品区域还有玩具、文具区域,品种非常齐全,绝对让你一站式购齐。

2. 书店中央区域最适合打卡拍照。

3. 打卡中国最美书店怎么少得了文创雪糕!卖雪糕也成了全国各地著名景点的必备操作。

#最美书店 #书山有路阅读无界
#看完拍照回不去的书店 #淄博打卡
#淄博钟书阁 #带娃

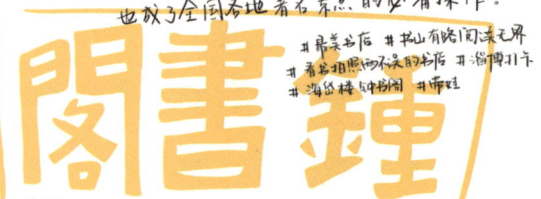

时光童年绘本馆

童书世界，设计上用了溶洞元素色条很梦幻，运用到了糖果色调仿佛到了童话世界。书架像极了迷宫，光影投射在书架间，每一本书都像是通往另一个世界的入口。书店的设计打破了现实与梦境的边界，在书海的世界里，你将开启一场沉浸式的心灵冒险。

#看书拍照两不误的最美书店
#海岱楼 #遛娃好去处
#图书馆 #淄博旅游

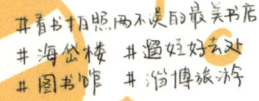

手账页 　年　月　日

手账页　　年　月　日

孝妇河湿地公园

淄博孝妇河湿地公园齐风塔南临快速路,北临高铁线与海岱楼南北遥遥相望名字组合即为

海岱山齐风

当我第一眼看到这个巨型的稻草人，89年的老阿姨陷入了深深的回忆中……想到了那年的《童话》想到了青涩的恋爱 想到了孩童时的自己……
"我会变成童话里你爱的那个天使 张开双手变成翅膀守护你 你要相信 相信我们会像童话故事里 幸福和快乐是结局"
不知道陌生的你 又会陷入到什么样的回忆中呢？
#麦田河湿地公园
#稻草人 #秋天的童话
#童话

▶ 淄博大剧院

是淄博市文化中心的组成部分,位于淄博新区中心轴线广场的东边。建筑面积50120m²,主体漂浮于湖面上,包含了歌剧院、音乐厅和影视中心三大功能,建筑围合在一个巨型的白色"瓷器"之中,造型优雅别致且与周围环境融为一体。

▶ 淄博市体育中心

位于淄博新区核心区南端，于2009年7月建成，占地面积约700亩，设有45000㎡体育场，6000㎡综合体育馆，2000㎡游泳跳水馆等场馆，场馆周边设置多种体育健身设施。同时也是一个设施较为完善的体育公园。

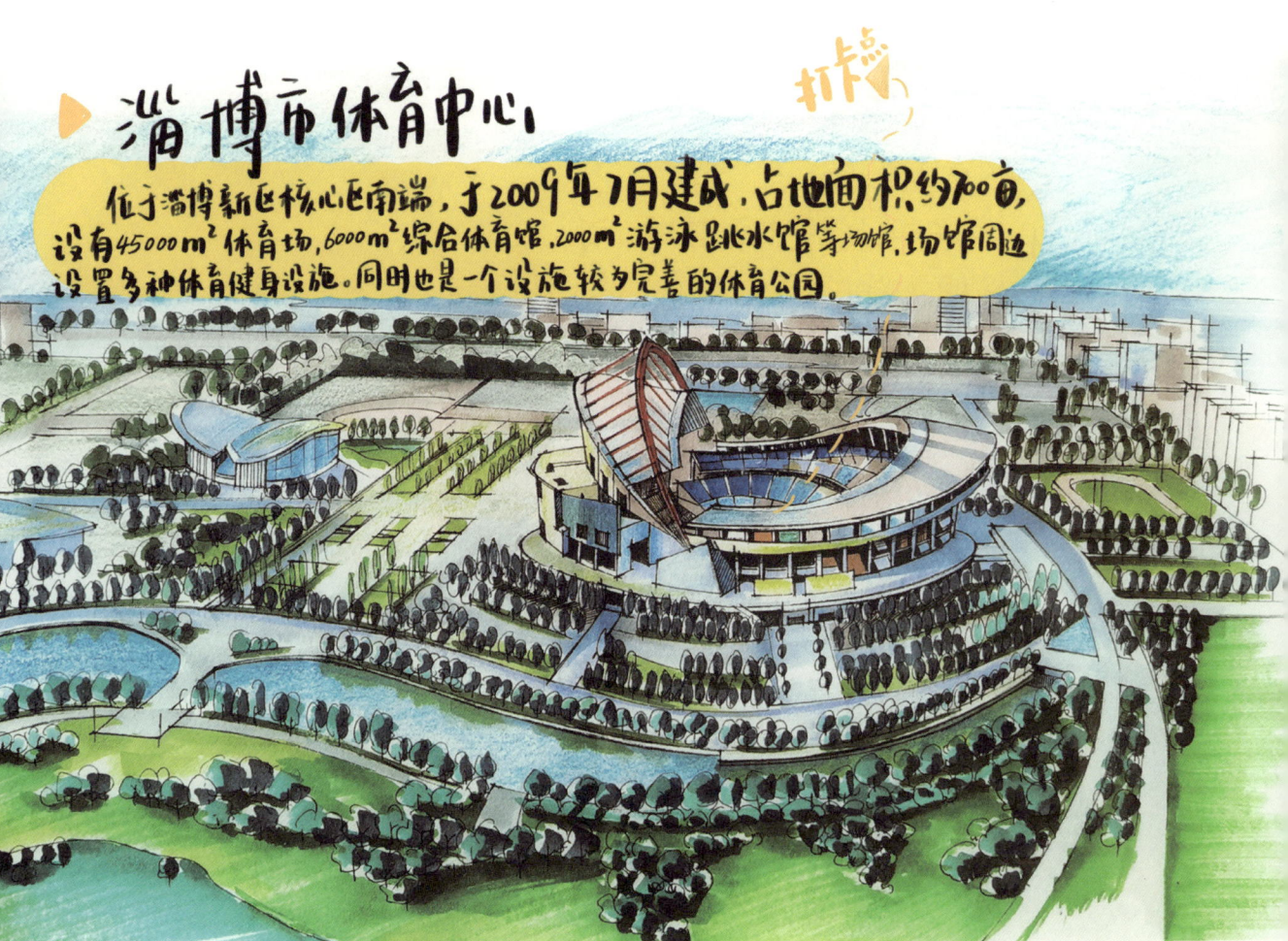

牛记庵

　天上古村落
一个宛如仙境的地方～

位于淄博市淄川区昆仑镇，是个有着400多年历史的古村落。这里群山环绕，绿树成荫，景色秀丽，空气清新，仿佛是个世外桃源。

古老的石头房子、石板路、石碾、石磨，都散发着浓厚的历史气息。

在这里，你可以放慢脚步，感受时光的流淌，体验乡村生活的悠闲和自在。

如果你想远离城市的喧嚣，寻找一个静的地方放松身心，那么牛记庵绝对是个不错的选择。快来这里感受大自然的魅力吧！

\# 牛记庵
\# 天上古村落
\# 自然景观

手账页　　年　月　日

▶ 红叶柿岩

喧嚣的闹市，喧嚣的日子，我们总是需要一些美丽的事物来沁润心灵。来淄博吧！来到红叶柿岩，这里有着一道道秀美的山峦，山峦间流淌着一条条清澈见底的小溪，潺潺的流水，水中荡漾着天空的颜色，美得像仙境一般。

#红叶柿岩景区 #博山
#来一场沁润心灵之旅

淄博-小丽江-"红叶柿岩"
以逃离城市之名,
赴一场山野之约。
探寻淄博小丽江,
感受北方的柿岩古村,
领略古村的宁静和美好。

是的,
这个世界是有趣的。
不然,
我也不会在这半山腰沏上一壶
茉莉花茶,围炉而坐,欣赏
这自然的景色,与家人侃侃
而谈,畅想未来,真是一种别
样的享受啊!

#红叶柿岩
#这个世界该是有趣的
#打卡墙

记得来打卡哟!

正觉寺

正觉寺位于淄博市博山区,是一座历史悠久、文化底蕴深厚的佛教圣地。寺内的建筑不仅展示了佛教文化的丰富性,也为信徒提供了一个修行和学习的场所。寺内还有一棵千年银杏树,也是淄博市古树名木之一,为正觉寺增添了一份古老与宁静的气息。

是在正觉寺能感受到内心的祥和与惬意,是一个能让人安静的地方。希望每位来淄博的朋友都能来亲身感受一下,但一定要注意,保持安静、不要喧哗哦!希望温暖的淄博能温暖到你~

#博山正觉寺 #博山
#佛教文化

博山正觉寺真的会带给你惊喜。
寺院规模宏大，一片祥和氛围。
寺内每天提供几百份免费斋饭。
门口还有志愿者在发集册章，
集齐印章可以领取福袋。
寺院还有免费的传统文化课程。
如果你来到淄博，
一定不要错过正觉寺。

#一座寺一座城
#愿所求皆所愿 #博山
#博山正觉寺

四世宫保

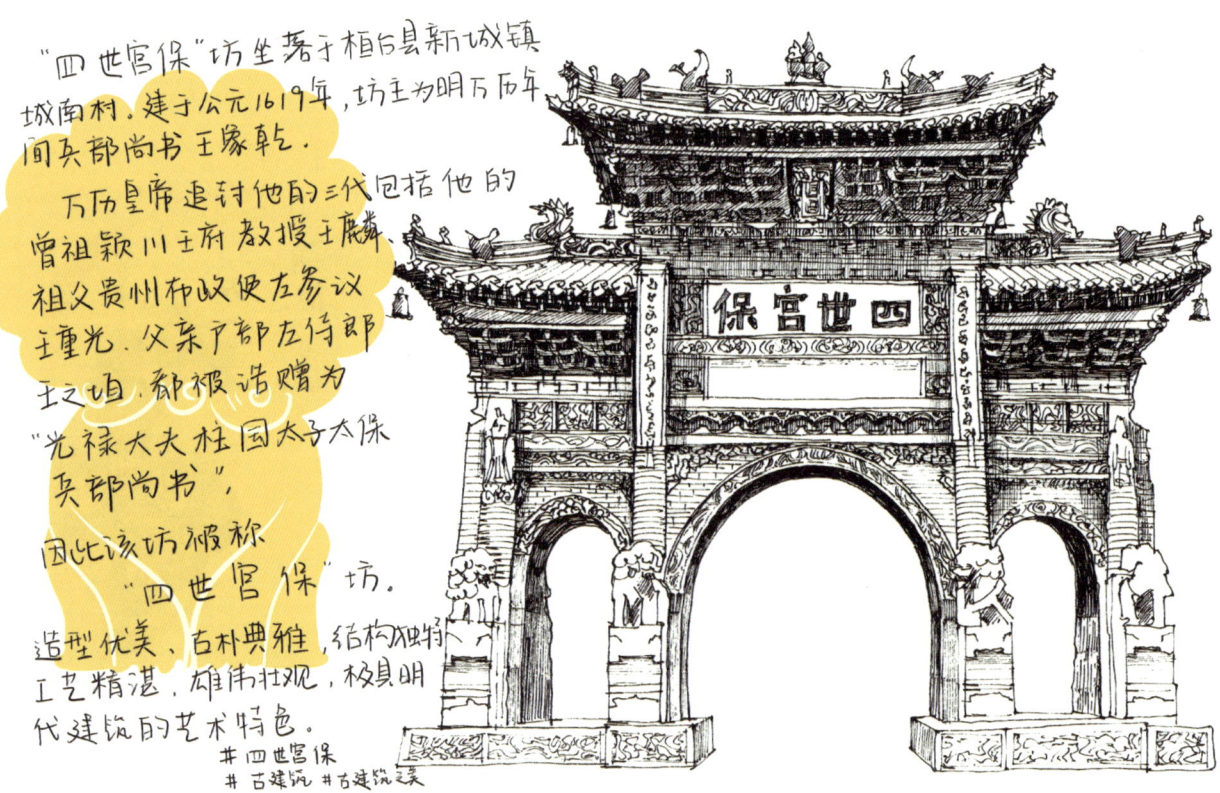

"四世宫保"坊坐落于桓台县新城镇城南村。建于公元1619年,坊主为明万历年间兵部尚书王象乾。

万历皇帝追封他的三代包括他的曾祖颖川王府教授王麟、祖父贵州布政使左参议王重光、父亲户部左侍郎王之垣,都被诰赠为"光禄大夫柱国太子太保兵部尚书"。

因此该坊被称"四世宫保"坊。

造型优美、古朴典雅,结构独特,工艺精湛,雄伟壮观,极具明代建筑的艺术特色。

#四世宫保
#古建筑 #古建筑之美

王渔洋故居

　　王渔洋,清代文坛巨匠,以其卓越的文学成就和深厚的文化底蕴,在历史的长河中留下了浓墨重彩的一笔。他的诗词歌赋,风格清新,意境深远,深受后人的推崇和喜爱。

　　王渔洋故居,犹如一本厚重的史书,等待着人们去翻阅、去品味。它见证了岁月的沧桑变迁,也将继续承载着文化的传承与发展,为后人留下无尽的财富。让我们走进王渔洋故居,去探寻那一段尘封的历史,领略那独特的文化风情。

\#王渔洋
\#历史人物
\#清代文坛巨匠

博山小南海

小南海，也称"泉子堰"，位于博山区岳阳山下岳西村南。

此处原有泉子，后建为塘坝。有一栈道连湖心的小岛，岛上建有庙宇，烟波渺渺，香火缭绕，颇有几分仙气，故有小南海之称。

\#小南海
\#博山

拍立得张贴页

年　月　日

马踏湖

小时候，记忆中马踏湖芦苇很高很高，水很清很清，撑船的大娘皮肤黝黑黑，皱纹从她撑船的手背一直爬到了她开心的脸上，牙齿白白晃眼睛，阳光就这样肆无忌惮洒在她的身上，洒在船上，洒在我的回忆里。突然，一只鱼跳上我们的船，大家先是一惊，然后又挺身逃走了。随后大家哈哈一笑结束了这突如其来的小意外。

现在的马踏湖已成为了人们休闲度假的好去处，相信你一定会被它的魅力所折服，爱上这个美丽的地方。

\#马踏湖 \#桓台
\#儿时回忆
\#自然风光

这里还是鸟类的天堂
各种珍稀鸟类在此栖息繁衍
你可以带上望远镜
观察它们的生活习性
感受大自然的神奇和美妙

#马鞍湖湿地公园
#鸟儿的天堂

▶ 高青天鹅湖湿地公园

淄博市高青县天鹅湖国际慢城旅游度假区,一个让你放松身心的好去处!
这里有广袤的湿地、清澈的湖泊、优美的田园风光,还有丰富的生态资源和独特的文化底蕴。
坐在船头,湖水缓缓向后流去,微风轻拂着发梢。我想,古代文人墨客笔下的美景也不过如此吧!
约上三两好友,或者独自前来,感受这份惬意与自由,开启一场别样的旅行吧!

#高青天鹅湖 #国际慢城
#湿地公园

秋湖泛舟乐未央,
碧波轻漾映天光,
风轻云淡心自远,
笑语盈舟醉晚香。

郑小米

 海海，现在我们正处于鲁山脚下，鲁山自然景观壮美，是登山胜地，吃了那么多美食也该爬山运动一下了！

 对，我都吃胖了……

鲁山国家森林公园

自然的壮丽画卷

在广袤的淄博大地上，鲁山国家森林公园宛如一颗璀璨的绿色明珠，散发着迷人的魅力。

鲁山的山峰高耸入云，登上山顶，俯瞰四周，那壮丽的景色让人心旷神怡。远处的山峦在云雾中若隐若现，仿佛一幅水墨画。这里是大自然赐予我们的宝贵礼物，它让我们在繁忙的生活中找到一处宁静的港湾，让我们可以尽情享受大自然的美好，感受生命的奇迹和力量。

#鲁山国家森林公园
#大自然美好
#绿色明珠

牛郎织女风景区

跨越千年的爱恋
织女洞与牛郎庙的浪漫传奇
古建筑遗址见证爱情传奇

想起儿时喜欢看黄梅戏
《天仙配》

"树上的鸟儿成双对
绿水青山带笑颜
随手摘下花一朵
我与娘子戴发间
从今不再受那奴役苦
夫妻双双把家还
你耕田来我织布
我挑水来你浇园
寒窑虽破能避风雨
夫妻恩爱苦也甜
你我好比鸳鸯鸟
比翼双飞在人间"

#牛郎织女
#爱情传说
#愿得一人心 白首不分离

愿得一人心
白首不分离

 黄河楼作为淄博黄河文化的地标,也是非常值得打卡的。登楼可俯瞰壮阔河景,而且高青也是吃黄河鱼的好地方。

 棒耶!又有文化又有美食。

▶ 安澜湾一黄河楼博物馆

在高青有一座特殊的博物馆,它屹立在黄河旁边,像一个军人戎守着母亲河。

博物馆里记录着沿岸地区璀璨的黄河文化。黄河是我们的母亲河,黄河文化更是中华民族的根和魂。黄河在滋润良田沃野的同时,对岸线各地的工业、农业、城市建设、生产生活、多风民俗等方面都产生了重要影响。

#黄河楼
#黄河文化

41

拍立得张贴页

年　月　日

哟嗨！淄博

陶琉淬火

YOHAI ZIBO

中国陶瓷琉璃博物馆

2011年被批准向全社会免费开放,是全国科普教育基地、国家4A级旅游景点、全国工业旅游示范点、山东省非物质文化遗产馆、山东省关心下一代教育基地和淄博市爱国主义教育基地。

是目前全国规模最大、功能最全、档次最高的展馆,是弘扬中国陶瓷文化、推介企业和大师品牌的重要平台和窗口,对进一步弘扬淄博陶琉文化、推动文化名城建设,具有深远意义。

镇馆之宝——
青釉莲花尊

出土于淄川区龙泉镇北朝古墓中。它口颈部有八朵阴性弦纹，肩部围绕一周粗绳纹，四个弧形系，四组模印宝相花纹，每组三朵。浮雕莲瓣是莲花尊最主要的造型特征——腹上部堆塑的一周21个莲瓣纹。俯视莲花尊，就会看到向外伸展的莲瓣，宛如一朵正在盛开的莲花，十分美丽。

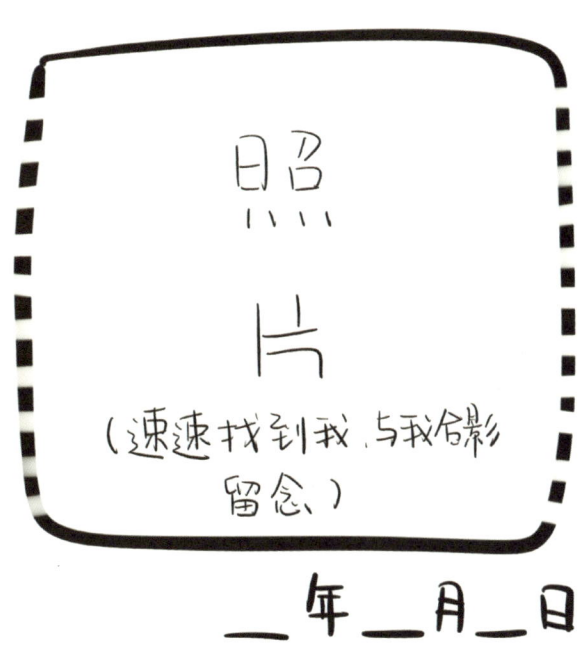

照片

（速速找到我，与我合影留念。）

＿年＿月＿日

▶ 非遗文化 — 内画

内画是我国特有的传统工艺，它起源于画鼻烟壶。

内画的画法是以特制的变形细笔，在玻璃、水晶、琥珀等材质的壶坯内，手绘出细致入微的画面，格调典雅，笔触精妙。

现代内画艺术派对东派，分为京、冀、鲁、粤、秦五大流派。

相传嘉庆道光年间，一个外地小吏到京城述职，寄宿在庙里。因鼻烟快吸完了，就用烟签刮到烟壶中剩下的鼻烟。庙里的一个和尚看到烟签在壶的内壁留下很多刮痕，很有国画的线条感，就将其扩展成了内画壶技艺，流传至今。

内画在海内外被誉为"中国一绝"，内画的创作更是需要高超的技艺，正是因为内画创作力不易，故而当一件精品呈现出时，才愈显珍贵。

#内画 #非遗文化
#传统文化 #淄博非遗

刘军老师是淄博市青少馆正高级教师，也是山东省高级内画师。刘老师秉承着对美术的执着热爱，在美术艺术道路上耕耘数载，尤其擅长鼻烟壶内画的教学工作，在多年的内画研究探索中，形成了自己独特的内画风格，表现出高雅的艺术情趣和深厚的文化底蕴。

#内画 #山东省工艺美术大师
#山东省高级内画师 #淄博艺术家

颜神古镇

这里保存着明清时期的古建筑和文化遗产,是一个非常值得一去的地方。位于淄博博山区,这种有朱,博山真的是个宝藏城市,古建筑、文化遗产、自然景观、美食一应俱全。

博山旧称颜神,因古有颜文姜勤善忠孝在此成仙而定名。北宋时期,颜神便已是煤炭和陶瓷的发展重镇,有着"中国陶瓷琉璃艺术之乡"的美誉。古镇内零星散布着手造工艺作坊、艺术博物馆、艺术创作馆等主题空间,融入非遗手作、艺术创作、陶瓷琉璃工艺全流程体验等特色文化内容。

#颜神古镇 #百年琉 #文化遗产 #博山

西冶工坊

工坊参观：近距离观摩师傅们吹制、雕刻琉璃的全过程，体验琉璃从熔融状态到精美成品的变化，震撼人心！

展厅购物：展厅里有各种的琉璃工艺品，价格从几十元到几千元不等，适合不同预算的游客。即使不购买，欣赏这些精美的艺术品也是一次愉悦的体验。

手工体验：如果幸运的话，你还能亲自上手制作属于自己的琉璃制品，独特的体验绝对让你流连忘返！

\# 琉璃 \# 淄博
\# 西冶工坊 \# 淄博琉璃
\# 博山

拍立得张贴页

年　月　日

哟嗨！淄博

有"淄"有味

YOHAI ZIBO

▶ 八大局

位于淄博市张店区共青团东路北二巷,因当年财政局、教育局、卫生局、农业局等政府八个局委在此办公而得名,二十世纪九十年代自发形成了八大局便民市场。2023年,八大局便民市场随着淄博烧烤的火爆意外走红,成为第一家五星级菜市场。

看山河远阔，也看人间菜市场😊
在网络流量的推动下，
八大局已变成了"进淄赶烤"必打卡的地方。
街道路面被重新翻修，
市场的摊位也
充满了各色各样的
商品。如今，它
已不再是当初
那个"单纯"
的菜市场，它已成
为一条淄博的商业
名街，热情地迎接
着八方来客。

#五里农菜市场
#八大局
#商业名街

水晶街

淄博市的著名商业街区。该街区拥有便捷的交通，距山东理工大学北门仅50米。

在水晶街，你可以和爱人一起漫步在灯光璀璨的街道上，享受着浪漫的氛围。这里的夜景美不胜收，让人流连忘返。快来水晶街，创造属于你们的美好回忆吧！

#淄博 #水晶街 #浪漫夜景

海月龙宫

20天建成的海月龙宫万人烧烤城，用淄博速度展现了淄博人民的诚意。人间烟火气一直未散，删繁就简欢迎八方来客！这就是淄博这座小城的魅力！

#海月龙宫烧烤城
#烟火淄博
#淄博速度

| 手账页 |　　年　　月　　日

淄博因烧烤火爆全国，这烧烤以小炉自烤、小饼夹肉葱蘸酱为特色，烟火气十足，味道更是一级棒！

妹妹，我都流口水了！

▶ 淄博烧烤

淄博饮食文化的重要组成部分，"淄博烧烤"已经成为淄博的新名片，成为一座更具烟火气息的夜经济之城，一座独具魅力的鲁菜名城。

烧烤,是夏日夜宵中的舞台主角,也是舌尖上的难忘味道,它给我们带来的,不仅是大口吃肉大口喝酒的快意感受,更是狂放与浪漫的生活气氛。

淄博烧烤,因常用一方小烤炉亲手烤制荤品和小饼卷肉而闻名,上到鸡鸭鱼羊,下到蔬菜菌菇,皆可烧烤。

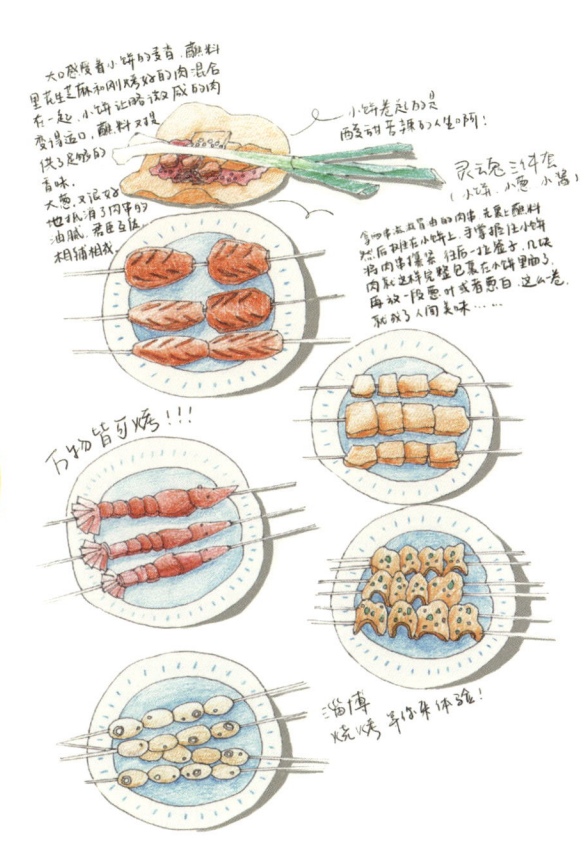

淄博的地摊儿

淄博烧烤的火爆,是对地摊儿美食的一种发现,也是对一种随性生活态度的认可。它们告诉我们,美味不一定非要在高档餐厅中寻找,有时候,就在我们脚下的土地,就在我们身边,就在路上,那些看似平凡无奇的小吃,才是这座城市最真实的味道。

忙忙碌碌、行色匆匆的日子里,不妨停下脚步,买一份小吃,给自己一份惊喜。

淄博烧烤,不仅是一种美食,更是一种文化,一种生活方式。它让我们知道,无论身在何处,只要心中有爱,有对美食的追求,那么,美味就在我们身边,从未走远。

\# 夜摊经济
\# 美食文化
\# 有爱的、有温度的食物

拍立得张贴页

年　　月　　日

淄博早市

早晨的淄博，充满了生活的气息。最不能错过的就是逛一逛当地的早市啦！早市里，新鲜的蔬菜水果、热气腾腾的包子、油条、各式各样的小吃食，让人目不暇接。你可以和摊主们聊聊天，感受他们的热情与真诚，还能品尝到地道的淄博美食。在这里，你能真正融入当地人的生活中，感受一份旅途中难得的惬意与自在，体验这座城市的独特魅力。快来淄博的早市，开启活力满满的一天吧！

#淄博早市 #烟火气
#美食体验 #当地特色

淄博人的"夜"余生活

华灯初上,淄博的夜晚不只有烧烤,还有怀揣音乐梦想的音乐人。在淄博,他们通过不同的方式和场合表达自己的音乐才华。

我有一个音乐人朋友,他创作了《淄博淄博》这首歌,诉说着他心中对这座城市的点滴感受……

"淄博 淄博
我把睐戈韩男从这里踢出中国
　淄博 淄博
我与蒲先生一起捉鬼写小说
　淄博 淄博
我把琉璃融化出你的轮廓……"

#淄博
#《淄博 淄博》

手账页　　年　月　日

 肚子好饿呀！海海，你不要害怕，我也喜欢吃人类的美食。既然来到了博山老颜神，那就尝尝这里的美食吧！go！

▸ **博山老颜神**  啊？噢！好好好～

这里的美食不可辜负
博山地道美味都可以在这里品尝～

- 博山水烩菜
- 炸肉
- 炸藕盒
- 炸春卷
- 酥锅
- 煎饼
- 火烧（肉/素）
- 粘糕

等等等等……

淄博一条全是本地特色美食的仿古老街，也非常适合拍照打卡，并且不收门票！小吃味道正宗，消费不高！！！

#老颜神美食街
#淄博特色小吃

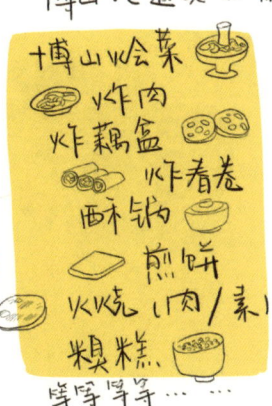

博山炸春卷

博山炸春卷,是一道博山本土时令菜。博山春季盛产香椿芽,清香扑鼻,远销海外。这道菜春天放香椿芽,其他季节放韭菜,外皮要炸酥、炸透,内里又要保持香椿芽的香味~

所谓"淡中求美,清中求鲜,清鲜者即能脱俗超尘而真味出也。"

上菜时,带碗高汤,
一来可使春卷酥软,
二来可去掉油炸的味道。

#博山美食 #鲁菜
#炸春卷 #淄博美食

炸春卷

豆腐箱子

豆腐箱又名山东豆腐箱,齐国豆腐箱,是淄博博山的传统名菜,属于鲁菜。主要原料是豆腐,相传乾隆皇帝南巡之时,品尝过这道菜,食后赞不绝口,口感细腻,浓香满口,皮韧馅嫩,回味无穷,其香其美,文字也无法表达,还请各位亲自来到淄博来品尝这烟火味道吧!

#鲁菜 #博山菜 #豆腐箱子
#家乡美食 #淄博美食
#鲁菜 #引经美食

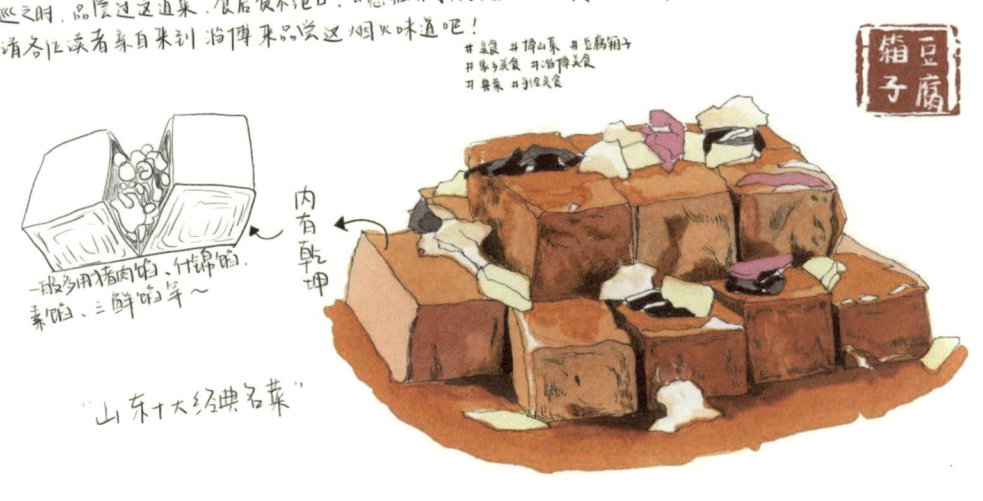

←内有乾坤

一般多用猪肉馅、什锦馅、素馅、三鲜馅等~

"山东十大经典名菜"

豆腐箱子

▶ 博山酥锅

猪肉 鸡肉 鱼肉 白菜 海带 藕 …

博山酥锅，别名"苏锅菜"，是博山的一种传统的时令菜肴，盛行于春节期间，属于鲁菜系。

相传，清乾隆年间，博山城台一姓苏秀才，春节邀请朋友到家中吃饭，让夫人下厨。因夫人厨艺不精，将鸡鸭鱼肉饺到一个锅里炖，无意之中做出了一道入口酥烂、味道独特的菜来，秀才灵机一动说"此乃我府上的祖传，名曰'苏锅'"。后把"苏"改成"酥"，将此菜改名"酥锅"。博山酥锅由此而来。

#博山酥锅 #美食

▸ 红烧嘎呀鱼

来到马踏湖，那就一定要尝尝这道菜红烧嘎呀鱼。
嘎呀鱼是当地叫法，就是三针鱼。其肉质嫩滑
没有乱刺，特别适合老人、宝宝食用。
快快带上家人一边赏景
一边享受这地道美食吧！

#马踏湖美食
#桓台美食 #红烧嘎呀

周村烧饼

周村烧饼是国家级非物质文化遗产，具有悠久的历史和独特的制作工艺。

周村烧饼，距今已有1800多年的历史，自汉桓帝时期便已在山东流传。在明朝中叶，周村商贾聚集，各种小吃应时而生。一种上贴炉烤胡饼的"胡饼炉"传入周村，烧饼师傅采纳焦饼薄香脆的特点，用上贴烤胡饼的方法，创造出了脍炙人口的大酥烧饼！

"薄"：薄如纸片，拿起折叠，会发出"唰唰"之声。
"酥"：一嚼便碎，失手落地即成碎片。
"香"：久嚼不腻，越嚼越香，回味无穷。
"脆"：与酥相辅相成，口感绝佳。

面粉、芝麻仁、食糖/食盐

如果你来到周村，一定要亲自体验制作烧饼的过程。在手作的温度中，感受历史的厚重，品味文化的深度。

#周村烧饼 #传统美食
#文化传承 #非遗美食

淄博·周村古商城 | 遇见你～

繁华外，古城里，
一半烟火，一半诗意。
老街旧巷，青砖灰瓦，
写满岁月悠长。
周村，一方被时光温柔
以待的土地，它不仅仅
是一个地名，更是一
幅徐徐展开的历
史画卷，等待着每一位
旅人的探索和感悟。

#周村古商城
#历史画卷
#遇见淄博
#周村

淄博王府井

2003年盛大开盘率先在淄博引进SHOPPING MALL商业模式,是集购物、休闲、餐饮、娱乐、旅游为一体的新型商业综合广场,是淄博休闲经济的领跑者、夜间经济的倡导者。

时尚达人聚集地

帅哥靓妹比比皆是

淄博万象汇

从游客角度来说,淄博万象汇也是一个值得打卡的地方,因为这里有几处网红打卡墙,可以说是相当有名气!就在商场后门沿街一带 → 大熊猫 + 淄博墙 + 爱墙 ☞ 相当出片!

#淄博 #淄博万象汇 #打卡墙

手账页　年　月　日

哟嗨！淄博

逛吃淄博指南

海海，这里有5条比较全面的游玩线路供你参考，就算我不在你身边，也可以畅游无阻！

谢谢妖妖，你想得太全面，比专业的导游还厉害！

▶ 孝妇河亲子慢生活一日游

主题：城市休闲 + 自然体验

通群：带娃家庭、老年游客

详细行程：

时间	行程
9:00 — 11:30	玉黛湖生态庄园（张店区） ★ 玩法：萌宠乐园 → 无动力乐园
12:00 — 13:00	公园北门农家宴 ★ 推荐：地锅鸡贴饼子、槐花炒蛋（季节性）
13:30 — 16:00	孝妇河湿地公园 ★ 亲子活动：双人自行车 → 天空之橙书店下午茶
16:30 — 18:00	中国陶瓷科技城 ★ 体验：儿童陶艺彩绘
18:30	万象汇商圈晚餐

小贴士：
玉黛湖夜场灯光秀
（19:00 — 21:00）
夏季开放，可调整
行程噢～

▶ 周村古商城＋张店都市一日游

主题：商埠文化＋现代文创

适用人群：休闲游客、美食爱好者

详细行程：

时间	行程	交通
9:00 — 11:30	周村古商城（周村区） ★路线：大街入口→大染坊→周村烧饼博物馆	张店区打车30分钟或乘96路公交车
12:00 — 13:00	周村煮锅（丁家煮锅） ★推荐：什锦煮锅配芝麻烧饼	
14:00 — 16:00	课本博物馆（张店区） ★亲子必玩：AR换装穿越、活字印刷体验	
16:30 — 18:30	唐库文创园 ★打卡点：科比墙绘、文创市集（周末开放）	
19:00	水晶街夜市 ★必吃：小肥羊烧烤	

小贴士：
周村烧饼博物馆可现场邮寄礼品装
买烧饼认准同村烧饼

▶ 淄博八大局+海岱楼一日游

主题：古韵烟火气与现代美学的碰撞之旅

适用人群：年轻人/闺蜜/情侣/文化爱好者/摄影达人

详细行程：

时间	行程	交通
9:00-11:30	八大局便民市场（沉浸式逛吃+文化体验） ★ 必吃：炒锅饼、黄师傅炸肉、得益酸奶 ★ 文化体验：书画摊定制扇子/老物件店铺淘宝记	淄博站打车15分钟/乘坐135路公交车直达
11:30-13:00	八大局周边午餐 ★ 推荐：聚友斋、知味斋、小寨羊烧烤	
13:30-15:00	齐盛湖公园 ★ 体验：划船游湖	八大局打车约20分钟/共享电动车骑行
15:00-17:00	海岱楼钟书阁（文艺饮茶+光影美学） ★ 打卡："中国最美书店"+文创雪糕+镜面魔幻	
17:30-19:00	落日与夜景 登上海岱楼观景台，俯拍齐盛湖金色日落 19:00后海岱楼闪光亮起，蓝金色调宛如流璃宫殿	

小贴士：

八大局网红摊位排队超30分钟可放弃，同款美食其他摊位也有。

| 手账页 |　　年　　月　　日

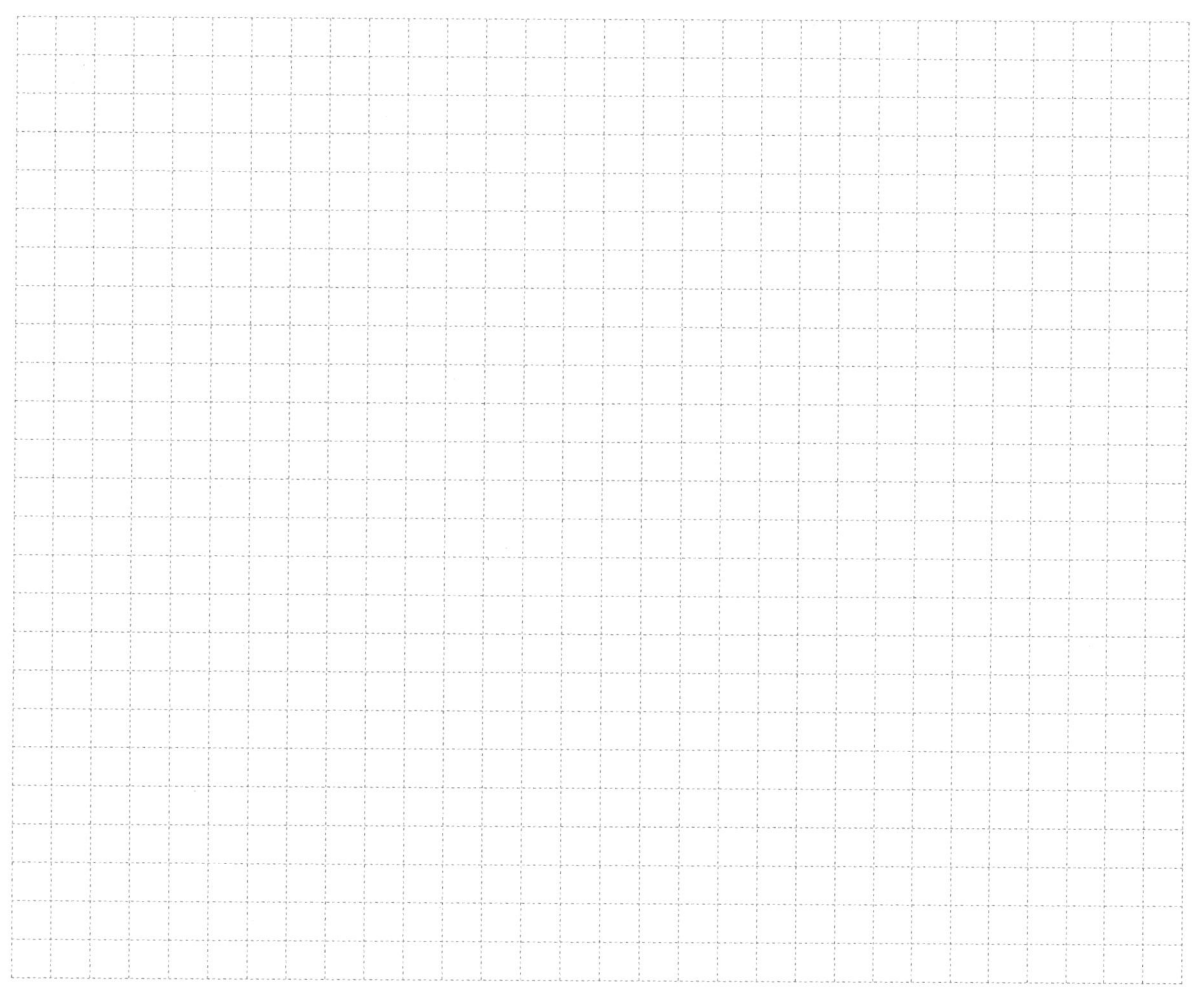

博山自然与非遗两日游

主题：山水 + 陶琉手作

适用人群：家庭亲子、摄影爱好者

小贴士：山区温差大，备外套

Day 1 自然奇观	Day 2 非遗体验
8:00—12:00 鲁山国家森林公园 ★ 路线：正门入口 → 鲁山主峰 → 观云峰 🚌 博山城区包车至鲁山约1小时（建议提前约车）	**9:00—11:30 博山陶瓷琉璃艺术中心** ★ 体验项目：陶艺拉坯
12:30—13:30 鲁山脚下农家乐 ★ 必点：博山炸排骨、野菜豆腐汤	**12:00—13:00 西冶工坊老街** ★ 午餐推荐：老博山四四席（传统博山菜）
14:00—17:00 开元溶洞 洞内游览约1.5h 出洞后可玩溶洞漂流（夏季） 🚌 鲁山至溶洞打车30分钟	**13:30—16:00 颜神古镇** 推荐：打卡琉璃墙、古窑遗址咖啡馆 购买手绘琉璃杯
	16:30 返回张店或淄博火车站

齐文化一日深度游

主题：临淄区历史遗迹 + 文化体验

适用人群：历史爱好者、文化研学

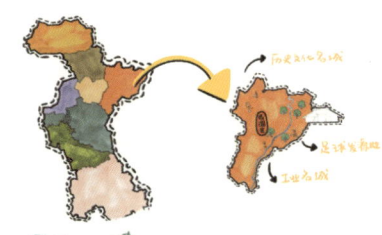

详细行程：

时段	时间	地点/内容	交通
上午	08:30—10:30	齐文化博物馆 ★重点看：齐国历史厅（青铜器）、蹴鞠文化厅（足球起源）	🚌 淄博站打车40分钟 或乘K20路/公交车转共享电动车/单车
上午	10:50—11:50	中国古车博物馆 ★必看：春秋殉马车马坑（全球最古老战车遗迹）	🚌 打车10分钟 或共享电动车直达 （距齐文化馆4公里）
中午	12:30—13:30	金岭镇清真美食街 ★推荐：金岭牛肉烧饼（赵记老店）、清汤羊肉锅	
下午	14:30—16:00	管仲纪念馆 推荐：走进纪念馆，追寻管仲的足迹，领略他的风采	🚌 打车25分钟 （从金岭出发）
下午	16:00	返程张店区（车程40分钟）	

小贴士：

- 联票建议：
  齐文化博物馆
  + 古车博物馆 > 80元

- 避开周一
  （部分场馆周一休息）

哟嗨！淄博

手绘课堂

YOHAI ZIBO

1.
起形
定出物体的位置
注意:透视要准确

2.
交待明暗关系
细部刻画

3.
深入刻画
塑造空间感
完成

起形
(注意构图合理
透视准确)

1

找出阴影
刻画细部

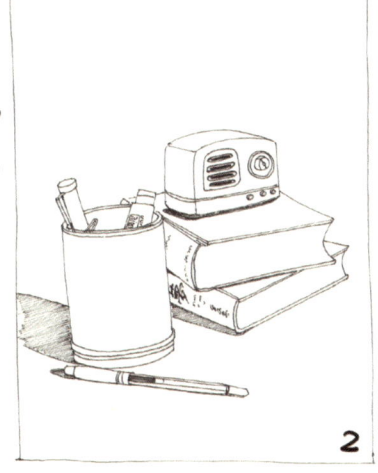

2

完成

3

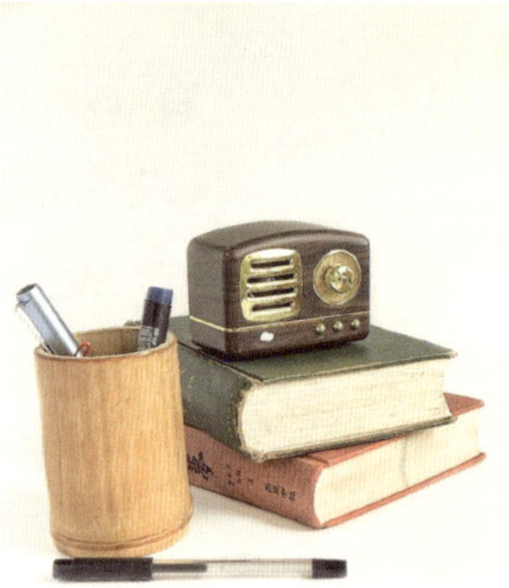

请开始您的创作！

哟嗨！淄博

五区三县

YOHAI ZIBO

张店区

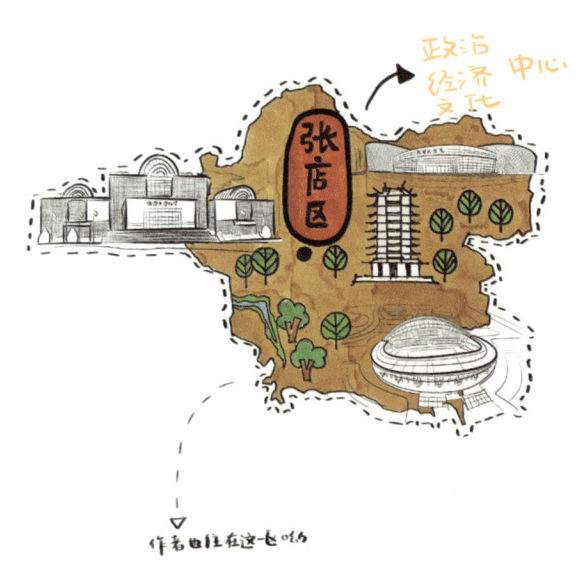

位于淄博市中部，总面积224.84km²，截至2023年末，常住人口104.31万人。是全国文明城市、国家卫生城市、国家园林城市、中国优秀旅游城市！

博山区

位于淄博市南部，总面积698km²。截至2023年末，常住人口40.62万人。是 中国陶瓷琉璃艺术之乡 ⭐
中国鲁菜名城 ⭐
中国泵业名城
中国琉璃之乡 ⭐

好吃！好玩！好看！

位于淄博市中部，总面积 960 km²

截至2023年末，常住人口64.20万人。

有蒲松龄故居

马鞍山抗日遗址

苏相墓、杨寨塔

聊斋园……

 淄川区

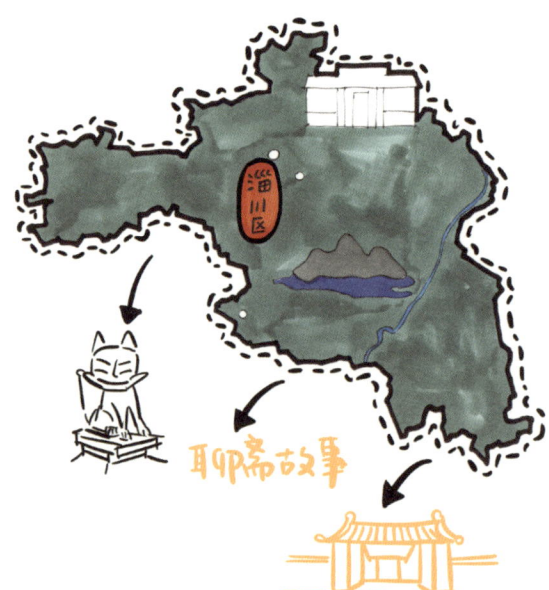

聊斋故事

周村区

位于淄博市西部，总面积307.29 km²

截至2023年末，常住人口39.98万人。

山东省重要的纺织工业基地

有胶济铁路

周村古商城

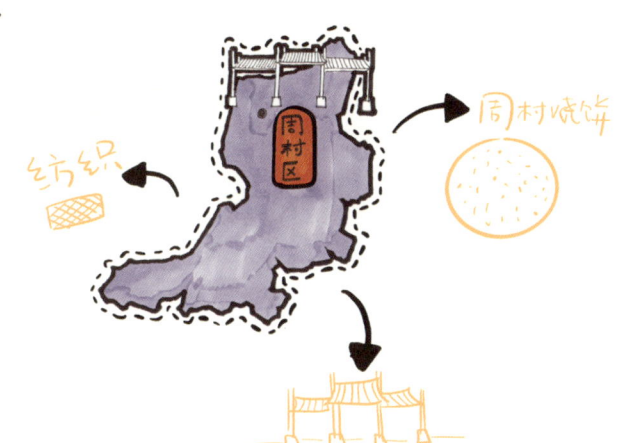

临淄区

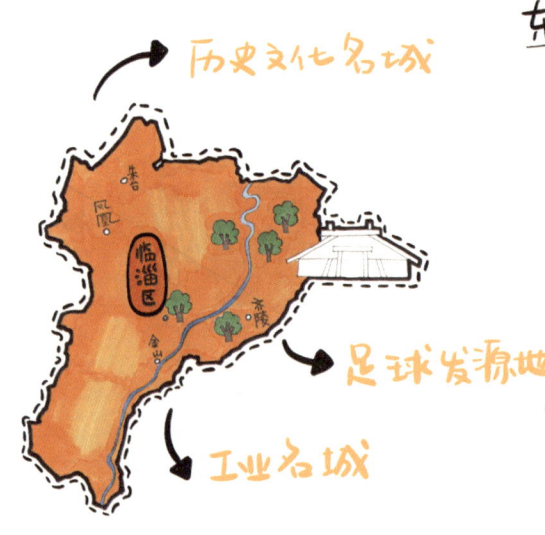

位于淄博市东北部，总面积663.68km²

截至2023年末，常住人口64.23万人。

入选2018年全国科技创新百强区

入选2018年工业百强区 ★

古代齐国都城 ★

▶ 桓台县

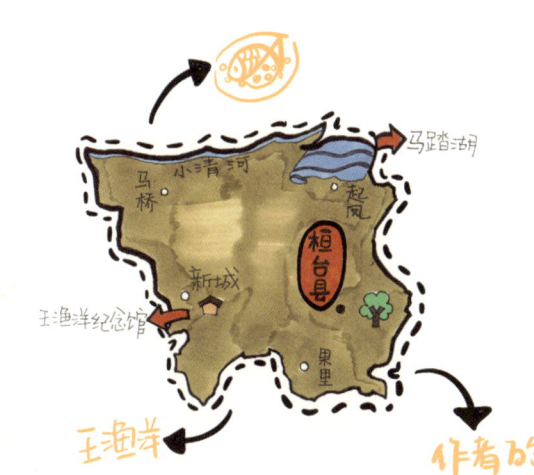

位于淄博市北部，总面积 509 km²

截至2023年末，常住人口48.62万人。

是 中国百强县 ⭐

中国科技进步先进县 ⭐

中国文化先进县

中国生态示范县

高青县

位于淄博市北部，总面积 831 km²

截至2023年末，常住人口30.83万人。

是 中国温泉之城 ★

中国 黑牛城 ★

中国 白酒名城 ★

中国最具幸福感城市 ★

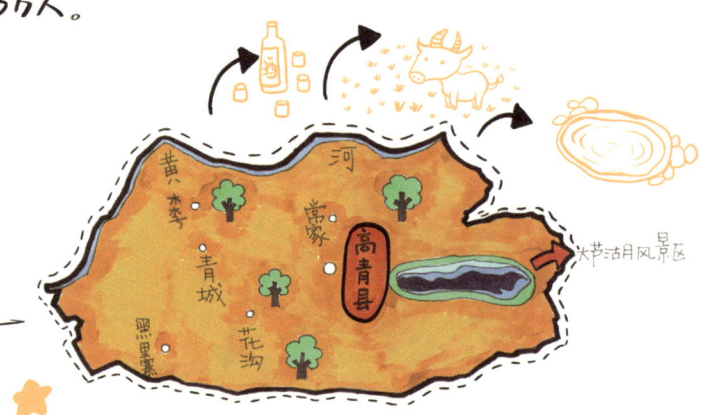

沂源县

位于淄博市南部，总面积 1636 km²
截至2023年末，常住人口50.26万人。
- 是革命老区 ★
- 中国特色农产品优势区 ★
- 全国文明县城 ★
- 国家重点生态功能区 ★

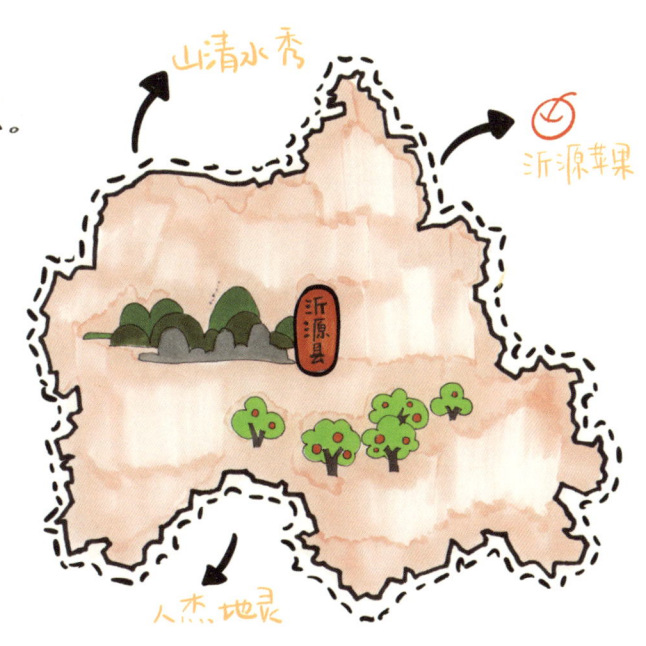

山清水秀
沂源苹果
人杰地灵

图书在版编目（CIP）数据

哟嗨！淄博 / 牟蔚蔚著. -- 北京 : 中国建设科技出版社有限责任公司, 2025. 4. -- ISBN 978-7-5160-4458-2

I. K928.952.3

中国国家版本馆CIP数据核字第20256GX521号

哟嗨！淄博
YOHAI ! ZIBO

牟蔚蔚　著

出版发行：		中国建设科技出版社有限责任公司
地　　址：	北京市西城区白纸坊东街2号院6号楼
邮　　编：	100054
经　　销：	全国各地新华书店
印　　刷：	北京联兴盛业印刷股份有限公司
开　　本：	787mm×1092mm　1/20
印　　张：	5.4
字　　数：	200千字
版　　次：	2025年4月第1版
印　　次：	2025年4月第1次
定　　价：	68.00元

本社网址：www.jskjcbs.com，微信公众号：zgjskjcbs
请选用正版图书，采购、销售盗版图书属违法行为
版权专有，盗版必究。本社法律顾问：北京天驰君泰律师事务所，张杰律师
举报信箱：zhangjie@tiantailaw.com　　举报电话：(010) 63567684
本书如有印装质量问题，由我社事业发展中心负责调换，联系电话：(010) 63567692